El reino del alma

Impulsos y mensajes desde lo más profundo de tu ser

Christine Arana Fader

El reino del alma

Impulsos y mensajes desde lo más profundo de tu ser

EDICIONES OBELISCO

Si este libro le ha interesado y desea que le mantengamos informado de nuestras publicaciones, escríbanos indicándonos qué temas son de su interés (Astrología, Autoayuda, Psicología, Artes Marciales, Naturismo, Espiritualidad, Tradición…) y gustosamente le complaceremos.

Puede consultar nuestro catálogo en www.edicionesobelisco.com

Colección Nueva conciencia

El reino del alma

Christine Arana Fader

1.ª edición: septiembre 2021

Título original: *Seelenreich. Impulse und Botschaften aus der Matrix deines Seins*

Traducción: *Beatriz García Alonso*
Corrección: *TsEdi, Teleservicios Editoriales, S. L.*
Maquetación: *Isabel Also*
Ilustraciones: *Elena Dudina (www.elenadudina.com)*

Caja, diseño de las cartas y del libro adjunto: *Simone Fleck, Schirner*
con la utilización de las imágenes de Elena Dudina y #542976052 (MSSA), www.shutterstock.com

Edita: Ediciones Obelisco, S. L.
Collita, 23-25. Pol. Ind. Molí de la Bastida
08191 Rubí - Barcelona - España
E-mail: info@edicionesobelisco.com

ISBN: 978-84-9111-767-4
Depósito Legal: B-9.525-2021

Printed in China

Alma tan bella, alma tan pura,
¿quieres ser la luz en todos mis caminos?

Alma tan clara, alma tan colorida,
busco y no oigo el motivo.

Alma tan dulce, alma tan curada,
¿por qué el camino es tan empinado?

Alma tan clara, alma tan bella como un soplido,
tú estás lista, yo también lo estoy.

Alma tan eterna, oh, mi alma,
ahora reconozco que eres mi verdadero ser.

Agradecimientos

... una palabra de agradecimiento y mis GRACIAS más sinceras.
Deseo de corazón darle las gracias a Elena Dudina por sus increíbles imágenes. Me han inspirado y han hecho resonar algo en mi alma, y gracias a ello surgió este set de cartas.

De corazón a corazón: Arana

La artista Elena Dudina es natural de Rusia, y vive y trabaja desde el año 2002 en Madrid. Con su gran corazón y su creatividad, logra siempre llegar y emocionar a las personas.
www.elenadudina.com

Introducción

Tu alma te habla, te llama, quiere ser tu guía por senderos llenos de luz. Pero nuestro pequeño *yo* siempre acepta rodeos, ignora la llamada del alma. Con demasiada frecuencia nos descubrimos ocupados contemplando la tormenta de la vida, rindiéndonos ante ella o luchando contra lo que nos trae. Sin embargo, demostraríamos mucha más inteligencia si atendiéramos a las palabras de nuestra alma: «Adéntrate más en la tormenta, pues sólo en su interior reina el silencio, allí es donde hallarás la calma». Únicamente saldrá perjudicado quien intente escapar del temporal. El que se enfrente a él y esté dispuesto a indagar la verdad en su interior se encontrará a sí mismo y sacará a la luz su potencial. Quien ose penetrar en el centro de la tormenta para descubrir con toda la pasión la verdad se autoliberará y se convertirá en héroe o heroína de su propia vida. Tu alma te conduce a la raíz de todo lo que percibes como negativo en el presente. Mas si lo reconoces y aceptas con amor, cambiará. Nada será ya negativo, puesto que admites que simplemente es.

Este set de cartas te ayudará a descubrir los impulsos de tu alma. Trátalo con cuidado y con respeto, y piensa: nada ayuda más que llegar a lo profundo, he ahí la clave de todo. Por eso coge una carta y dedícate 21 días a ese tema. Investiga al respecto, profundiza bien en la temática y déjate ayudar por quienes más sepan sobre ello.

Tu alma es esa parte de ti que entiende a la perfección toda tu vida. Es esa parte que vibra en la más profunda armonía e incluye y acepta todo, incluso lo terrible, hasta la oscuridad. Tu alma es la parte de ti que todo lo respeta e integra sin demonizarlo ni rechazarlo. Es la parte de ti que tiene la habilidad de recorrer el camino despacio, paso a paso, siempre atenta y repleta de placer. Puedes sentir tu alma, comunicarte con ella. Al hacerlo, traspasas un espacio de eternidad y escuchas tu propia verdad divina. Y esta verdad es la que nos une a todos, porque es la única verdad.

El alma dice: «Disfruta la vida, también la tormenta, también el silencio. Enfréntate a todo como si fuera un juego y vívelo como si tú mismo fueras el ganador de este juego. Confía en ti y en tus fuerzas, confía en tu magia».

Tu alma no es una cosa, no es un ser al que puedas mirar, no; es energía, una energía divina. Es en la profundidad donde brillan todos tus potenciales puros. No se la puede tocar, es la pureza eterna, el eterno iluminado, y tú estás en medio de ella. Vive todo lo que te rodea, todo eso que no puedes ver. Percibe la seguridad que te regala tu alma. Sentirse en casa no consiste en habitar un lugar, ocupar una vivienda ni residir en tu ciudad. Te sentirás en casa cuando hayas entendido lo que tu alma es. Sólo en ella encuentras sentimientos auténticos, sólo ella te regala la paz interior, la nobleza y el respeto a todo lo que hay. Tu alma es la luz divina, la plenitud real.

Todos tenemos metas, planes y sueños, y hay una fuerza que está dispuesta a comunicarse con nosotros, disponible para ayudarnos a alcanzar todas nuestras metas y hacer realidad los sueños. Yo llamo a esta fuerza «alma», mi puro y verdadero yo. Pero a lo que generalmente me refiero como yo, esta concentración material dentro de mi alma, es sólo un aspecto fugaz más de este juego. El alma misma ha aceptado esta compresión porque quiere que se la pueda tocar, desea ser tocada por los sentimientos y las emociones, pero anhela también ser percibida por el gusto, la vista, el olfato y el oído.

Quizá haya alguien confuso, pues escribo que nosotros estamos en medio del alma y que ella está a nuestro alrededor, y es que a menudo se dice que el alma vive en el cuerpo. Mis profesores espirituales me han enseñado otra cosa. Para ellos, el cuerpo vive en el alma.

Lo cierto es que la naturaleza que nos rodea se levanta de forma fractal. En todas partes se repiten los modelos y las estructuras, y esto también se denomina autosemejanza. A menudo se cita el romanesco como ejemplo para ilustrar esta estructura fractal, ya que es muy fácil ver cómo esta verdura conserva siempre su forma, aunque cada vez sea más pequeña.

En definitiva, estamos hechos de átomos y nosotros mismos tenemos una estructura similar a la de un átomo: la materia en el núcleo y la energía en un área grande en torno a él. Muchos hablan de aura y cuerpos de luz. Sí, esto es verdad, pero ambos pertenecen al alma, no se pudrirán con la materia, sino que vivirán con o en el alma. El cuerpo habita en el centro del alma y se encuentra exactamente donde reside su corazón. El corazón del alma y el chakra del corazón están directamente conectados por un cordón de luz y se tocan entre sí.

Cualquier materia, las estrellas, los planetas, los animales, las piedras y nosotros, las personas, estamos compuestos por tres tipos de partículas: los protones con carga positiva, los neutrones eléctricamente neutros y los electrones con carga negativa. Todas estas partículas juntas constituyen el átomo, ¿acaso no es esto asombroso? Nosotros tenemos el poder de influir en cada una de estas partículas, ellas constituyen la base de cualquier estructura. Podemos llegar a nuestros protones a través de nuestro espíritu, es decir, con la fuerza de nuestros pensamientos y con las vibraciones de una piedra sanadora. Llegamos a las neuronas a través del aroma, esto es, con las fuertes vibraciones de los aceites esenciales, así las podemos tocar e influir. Los electrones son muy receptivos a la energía de un animal de poder, pero también a la energía de ángeles y maestros. Y lo más profundo de tu ser, aquello en donde está todo integrado, esa interioridad que nos envuelve, puede empezar a vibrar con la magia de los números. Ésta no es más que mi verdad, siéntete libre de aceptarla si te parece bien a ti también.

Cómo utilizar estas cartas

Baraja las cartas delante de tu corazón y concéntrate en el ahora. Plantéate una pregunta, por ejemplo, «¿cuál es el próximo paso?, ¿qué es lo siguiente que debo hacer para ser libre y feliz?» o «¿hacia dónde me encamina mi alma?». Coge una carta y permite que la imagen y el texto te conmuevan, guíen e inspiren. Trabaja luego con los compañeros que están asignados a cada carta. Los encontrarás en este libro adjunto.

Los compañeros para 21 días

A cada carta le fueron asignados cuatro compañeros. Éstos son las vibraciones que te quieren acompañar en este camino del alma. Si has cogido una carta y quieres trabajar sobre el tema correspondiente (según el tema, tendrás que liberar o reforzar), entonces únete necesariamente a estos compañeros. En ellos reside una fuerza inesperada. Recurre a estos ayudantes, como el animal de poder antes mencionado, y déjalos estar a tu lado durante 21 días tal y como se describe a continuación. Te aportarán claridad, luz divina y sabiduría. Inmediatamente convertirán todo en algo bueno, te abrirán puertas y te llevarán a la felicidad.

El animal de poder

Uno de tus compañeros va a ser un animal de poder, también llamado guía espiritual. Recrea en tu mente ese animal de poder e invítalo a estar presente en tu vida durante los próximos 21 días. Eso significa: visualiza a tu compañero a diario. Conecta con las vibraciones del animal de poder, ponlo a tu lado o intenta incorporar su energía en tu sistema, por ejemplo, en tus chakras. Deja que el animal de poder recorra diariamente tus chakras. Los animales de poder nos prestan una gran ayuda en todas nuestras tareas de aprendizaje y nos dan grandes lecciones. El espíritu del animal de poder que te toca conoce bien el camino de tu alma y lleva consigo la fuerza necesaria para guiarte hacia allí y protegerte en el camino.

Además, cada animal de poder nos regala vitalidad, nos conecta con nuestras habilidades y nos transmite una energía y una luz que nos dan el valor para seguir adelante con la cabeza alta y con orgullo. Un animal de poder nos lleva a lugares también de poder y nos muestra sus cualidades; nos aporta la fuerza interior necesaria para tomar decisiones libres y claras en cada situación vital.

La piedra sanadora

Las piedras son los «seres» más antiguos de la tierra, dentro de ellos vive igualmente un espíritu. Las piedras crecen y están sujetas a la descomposición, al igual que las plantas y los animales. Con sus altas vibraciones pueden curar a todos los niveles. Pero lo que es mucho más importante es que tienen efectos preventivos muy fuertes. Las piedras preciosas y semipreciosas, como toda la materia que nos rodea, tienen vibraciones muy altas; sin embargo, las vibraciones de las piedras sanadoras son positivas, a diferencia de las paredes de hormigón y los ordenadores, por ejemplo. Si algo pierde el equilibrio, la piedra sanadora puede armonizarlo con su vibración. Al tiempo, también tiene un efecto protector y actúa como pararrayos. La piedra recomendada debería estar en contacto físico contigo durante los próximos 21 días. Durante las horas de luz, llévala en el bolsillo del pantalón o en el cuello como un colgante, y ponla en la cama contigo por la noche. Si no te es posible conseguir la piedra recomendada, recurre a algún producto como la henna y lleva su nombre grabado en tu cuerpo durante los 21 días.

El aceite esencial

En el aceite esencial se reflejan la personalidad, la fuerza vital y el espíritu de las plantas. En un nivel más etéreo y sublime, su luminosa personalidad nos toca y nos regala, entre otras muchas cosas, su aroma. Absorbemos la vibración a través del sentido del olfato, que nos armoniza a todos los niveles.

Todo lo que entra en nosotros a través del sentido del olfato influye fuertemente en nuestras habilidades psíquicas y en nuestros chakras superiores, desde el sexto al decimosexto. Los aromas, los perfumes y el incienso llevan muchos miles de años acompañando a las personas. Los sacerdotes y las sacerdotisas de las avanzadas civilizaciones de antaño conocían ya entonces el misterio de los aromas de las plantas y los usaban para bendecir sus salones sagrados o incluso sus propios cuerpos. Tú también puedes usarlos para ti y para el camino de tu alma. Cada día vierte el aceite recomendado en tu difusor de aromas o date un baño y diluye dos o tres gotas en el agua. También puedes ponerte una gota en el chakra de la coronilla, es decir, en el punto más alto de tu cabeza, o coger una botellita de cristal con pulverizador. Llénala con unos 30 ml de agua fresca de manantial, añádele de 5 a 8 gotas de aceite y rocía diariamente con la mezcla tu aura.

El significado de cada uno de los animales de poder, de las piedras sanadoras y de los aceites esenciales se puede buscar y encontrar en distintos libros y en Internet.

El koi como animal de poder

Describiré aquí brevemente sólo el koi, ya que en este set de cartas se recomienda dos veces como animal de poder y guía espiritual, y rara vez se menciona en los libros.

El koi te llena de fuerza, resistencia y perseverancia. Trae la energía vital y es portador de la luz del alma, lo que significa que es mensajero del alma o transmisor de los mensajes del alma que nos muestran la dirección. Te enseña a llegar siempre a lo más profundo de las cosas y de las situaciones para que aprendas y te empapes de sabiduría. Como guía espiritual os enseña a ti y a tu intuición a centraros en todas las situaciones de la vida. El koi te permite escuchar con mayor claridad la voz de tu alma. Viene cargado de suerte, valor, plenitud, riqueza, fertilidad, éxito, belleza y una larga vida. Sólo con él serás capaz de superar todos los obstáculos que se te presenten en el camino.

El koi se asemeja a un samurái, no conoce el miedo y siempre actúa de forma sabia. Como guía espiritual te enseña a enfrentarte a los problemas y las situaciones complejas.

El número

Cada número vibra con su propio poder, estructura y magia. Conocemos el significado y la simbología de los números desde hace años. Para muchos, Pitágoras fue el creador de las matemáticas y le atribuyen a él la base del conocimiento en torno a los números. A pesar de ello, tengo la convicción de que este conocimiento y los números en sí mismos no se originan en este mundo. ¿Y qué sabemos? Es ridículo, porque el profundo y verdadero conocimiento sobre los números ha pasado por el filtro de miles y miles de años, y hoy sólo nos queda una pequeña fracción de este conocimiento.

Cada número encierra su propia realidad en sí mismo y se encuentra inmerso en su propio campo de fuerza. Los números nos permiten acceder a la parte más profunda de todo, incluyéndonos a nosotros mismos, y a las estructuras divinas de curación, integridad, perfección y belleza suprema.

Los números que nos rodean no son una casualidad, ni nuestra fecha de nacimiento ni el número de la casa en la que vivimos se han escogido al azar. Esos números y el campo de poder que los rodea nos han atraído. Tu alma aprovecha ese sistema ancestral para entrar en contacto contigo y así transmitirte un mensaje importante. A menudo nos acompañan los mismos números, siente su magia. Suele decirse que si sumamos los números que componen nuestra fecha de nacimiento, averiguamos nuestro número de vida, el cual nos da información sobre nuestra tarea vital. Sin embargo, sé por mis maestros espirituales que esto no funciona así. También debemos incluir la hora a la que nacimos y la suma de todas las letras del nombre que nos pusieron al nacer.

Obtenemos entonces tres números y estos han de ser considerados por separado, pero el campo de poder se debe fusionar. Llegados a este punto, probablemente te darás cuenta de que aquí hay mucho por descubrir.

En lo sucesivo no encontrarás el significado básico de los números, sino las pistas que el número de la carta que has sacado te da para alumbrarte el camino; es como el susurro de un mundo viejo pero sabio. También te doy aquí la runa correspondiente para el camino. Las runas tienen su propia magia, que es extremadamente poderosa. Puedes tatuarte la tuya con henna para que te acompañe durante los 21 días.

Número 1: Te dice que eres un mago/una sacerdotisa y que de vez en cuando necesitas soledad para crecer en todas tus habilidades. Y la precisas sobre todo ahora para recibir perfectamente las visiones de un maestro espiritual. El número 1 te promete éxito y una conectividad profunda del corazón. Este número te enseña a descubrir en tu interior el momento de la

creación y a sentirte a ti mismo como un ser espiritual. El campo de poder del número 1 es el comienzo, el ser absoluto, la suma de todas las posibilidades, el espíritu puro del mundo sutil.
Runa correspondiente: Fehu (ᚠ)

Número 2: Te recuerda que no estás solo respecto al tema que has sacado en la carta. Busca ayuda, acude a un compañero o a un maestro para que te acompañe en la búsqueda. Ahora más que nunca, la armonía y el buen consejo de un corazón sabio son fundamentales para ti. Cultiva la comunicación pacífica, también contigo mismo. El número 2 te enseña que necesitas tener a una persona enfrente para sentir, para reconocerte y para crecer. El campo de poder del número 2 es el autoconocimiento, el arraigo, la estabilidad y la reflexión.
Runa correspondiente: Uruz (ᚢ)

Número 3: Te insiste en la importancia de cuidar de tus familias del alma, de las de este mundo y de las de otros. Ponte en contacto con ellas y diles cuánto las amas y las necesitas, te escucharán. Hallarás fuerza, curación/sanación y respuesta en el círculo de corazones tan estrechamente conectados a ti. El número 3 te enseñará a observarlo todo. Adopta una y otra vez el punto de vista de un observador y ello te dará sabiduría. El campo de poder del número 3 es la diversidad, el poder creador, la superación de la dualidad, y la comprensión y la visión del mundo divino.
Runa correspondiente: Thurisaz (ᚦ)

Número 4: Te insiste en que ahora más que nunca precisas de estructuras fuertes. Necesitas un habitáculo ordenado en el que sentirte seguro. El número 4 te da un empujón de energía. Aprovecha esa fuerza para ordenar

tus cosas. Este número te va a regalar una ola de buen humor y alegría, con él todo será fácil, solventarás fácilmente cualquier dificultad. Empieza a sentirte a ti y a tu cuerpo con mayor intensidad, presta atención a tus necesidades físicas. El campo de poder del número 4 consiste en dominar la materia para crear el paraíso, la totalidad, el orden divino y su manifestación.
Runa correspondiente: Ansuz (ᚨ)

Número 5: Te recuerda que estás profundamente conectado con la fuente divina. La sabiduría encuentra un camino hacia ti libre de obstáculos. Entre los temas prioritarios están la fidelidad, la constancia y la lealtad. Preocúpate de todos estos temas y cúralos tanto fuera como dentro de ti. El número 5 te brinda protección, por lo que con él podrás atreverte a arriesgar. Su campo de poder te invita a estar en el centro, te acerca a la fuerza que se crea y se reconoce a sí misma una y otra vez al final del camino. Te lleva a la meditación, la fe y el conocimiento.
Runa correspondiente: Raidho(ᚱ)

Número 6: Te hace saber que ahora son las fuerzas de conexión y atracción las que fluyen hacia ti. Utilízalas para hacer realidad tus ideas y tus sueños. Este número te da valor y una fuerza interior inusual que hace que avances sin que nada ni nadie te detengan. Lo nuevo busca surgir a través de ti. El campo de poder del número 6 es el equilibrio y la unión de energías opuestas. El 6 viene cargado de amor, salud, felicidad y ganancia, y es capaz de cumplir todos tus deseos.
Runa correspondiente: Kenaz (ᚲ)

Número 7: Te invita a confiar sólo en la magia de tu corazón y te regala una luz que te conectará profundamente con el misterio de tu vida. El 7 te

recuerda que ahora más que nunca, durante los días venideros, deberás llenar de amor tu camino. Ama en todo momento, ama todo y a todos, y sólo así te convertirás tú mismo en la magia de tu corazón. El campo de poder del número 7 es como una puerta de luz, recuerda la muerte, el nacimiento, el final de una etapa, la magia y la luz. El número 7 te abre nuevos caminos.
Runa correspondiente: Gebo (**ᚷ**)

Número 8: Te recuerda que ahora más que nunca necesitas calma y tranquilidad. Te regala una luz que abre tu espíritu y te da fuerza para crear algo que perdurará para siempre si así lo deseas. El campo de poder del 8 abre la eternidad para ti, la cual supone la renovación, el paraíso, la espiritualidad, la atención, el fin de la transformación y el logro de la tranquilidad.
Runa correspondiente: Wunjo (**ᚹ**)

Número 9: Te revela que tienes algo nuevo que aprender. Ábrete y mira con curiosidad a tu alrededor. El 9 te traerá sabiduría y con él hallarás un amor sin condiciones y con un gran poder sanador. Este número ahora te acerca a un punto en el que debes completar algo para dedicarte al misterio de lo desconocido y lo nuevo. El campo de poder del número 9 es indestructible, mas no muestra dureza, siempre permanece fiel a sí mismo (9 + 9 = 18 = sumar las cifras de un número 9; 9 x 9 = 81 = sumar las cifras de un número 9). No importa con qué número se multiplique el nueve; al final, cuando se suman las cifras de un número, siempre sale 9. Es como si en el camino a la hora de contar recogiese para sí todos los números. Esto es lo que quiere enseñarte también el número 9. Acepta las fuerzas que se te ofrecen para alcanzar la plenitud. El número 9 es terminación, pero también principio y fin.
Runa correspondiente: Hagalaz (**ᚺ**)

A partir de un «número gemelo» o «número maestro» como el 11, 22, 33, etc., la suma de las cifras del número no se calcula, sino que se considera que es el doble de la fuerza de la cifra correspondiente.

Date un tiempo para dejar que el número de la carta vibre a través de tu cuerpo de luz, visualízalo frente a tu corazón y déjalo circular alrededor de tu cuerpo. No intentes controlar el círculo, sólo mira hacia dónde quiere ir el número. Puedes encontrar información valiosa sobre la posición (o las posiciones) del número.

Métodos de echar las cartas

Toma tres cartas

Primera carta: La primera carta te habla del presente, del momento en el que te encuentras. Eres tú con tus regalos, es tu luz. Interpreta el tema de la carta de forma positiva y como si te hubieras liberado.

Segunda carta: La segunda carta te muestra un problema actual que no ha sido resuelto, algo que está bloqueado y quiere ser curado. Por lo tanto, dale siempre a esa carta una interpretación negativa, trátala como un tema que aún no ha sido liberado. Trabaja muy intensamente durante los 21 días mano a mano con los compañeros recomendados. Cuando el problema se haya solucionado, la carta te mostrará su fuerza y se presentará como una parte fundamental de tu vida.

Tercera carta: La tercera carta te acerca a algo que está en tu futuro. Interprétala siempre de forma positiva. Todo lo que te transmite el texto de la carta está liberado y en la luz. Esta tercera carta te aporta una energía que ayuda y libera, arroja sobre ti la luz del futuro, esa que te rodea de forma tierna. Si has resuelto el problema actual que se te presentaba en la segunda carta, con esta tercera sentirás la vibración bendecida. Interpreta la primera y la tercera carta como energías que te prestan su ayuda. Recurre a esas dos energías para conseguir liberar en ti el tema de la segunda carta y que aparezca el regalo, todavía oculto detrás del velo.

La cruz del conocimiento

Baraja las cartas delante de tu corazón y detente pasado un minuto. Coge la carta que esté encima del montón y ponla delante de ti. Después baraja de nuevo el montón y divídelo en cuatro montoncitos. Ponlos ante ti. Coge de cada montón la carta que esté más arriba y ponla alrededor de la primera carta (*véase* la imagen).

Carta 1: La carta del centro representa un potencial reprimido. Se trata de un potencial que debería ser necesariamente aprovechado por ti y por tu camino del alma. Es algo que te puede hacer feliz y libre si consigue ser vivido y honrado. La carta te enseña una faceta de tu ser divino. El tema siempre ha de ser interpretado como algo positivo, sanado y liberado. Te muestra un regalo de la fuente divina de todo el ser.

Carta 2: Esta carta se encarga de suprimir el potencial mostrado en la carta 1. Ha de ser interpretada de forma negativa. Te muestra una vibración que has situado frente al potencial divino, a menudo procedente de sentimientos inferiores, tal vez por ansiedad o por no sentirte digno. Es importante observarlo desde la honestidad. El camino de la salvación es siempre el camino del autoconocimiento.

Carta 3: Aquí está la luz de la salvación para las situaciones planteadas en las cartas 1 y 2. La carta 3 siempre se tiene que interpretar de forma positiva, es como un puente sobre el que fluye la luz de la curación. Trabaja aquí necesariamente con el número de la carta descrito y lleva pegada a tu cuerpo la piedra sanadora recomendada.

Carta 4: Con ella observas lo más grande de tu sabiduría interior. Interpreta esta carta muy positivamente. Es parte de la salvación que necesitas para la carta 2 y lleva a la culminación de la carta 1. La carta 4 es un misterio en la cruz del conocimiento. Intenta sentirla, es la sabiduría divina, quien te va a ayudar a finalizar el camino hacia tu potencial.

Carta 5: La fuerza de la destrucción: se puede soltar. Esta carta tiene que ser interpretada de forma negativa, te muestra un tema que está bloqueado y que le está robando energía al potencial de la carta 1. Lo que te dice esta carta ha de ser liberado de forma inmediata. Tiene que ser soltado para vivir plenamente el potencial que muestra la carta 1. No tengas dudas, lo que está en juego es demasiado valioso para ello: es tu vida.

Consultas al oráculo

…es más antiguo que la humanidad. Ha habido oráculos desde que las almas se encarnan en los cuerpos y pasan a través del velo del olvido, incluso en las primeras encarnaciones, cuando la tierra y las personas todavía no existían. Se presentan en las formas más diversas, como cartas de oráculo, runas, símbolos o también anunciados por personas videntes y sabias u otros seres que suelen ser sacerdotes o sacerdotisas. Sentimos profundamente que ahí hay un poder lleno de luz que trata de hablarnos y guiarnos. En lo más profundo de nosotros, tenemos la certeza de que detrás del mundo visible de la materia hay un lugar profundo que guía y toca, incluso penetra, todo lo visible e invisible. Muchos creen que es un ángel, un maestro o un Dios, pero este ser que te guía a través de los hilos invisibles del destino eres tú mismo. Lo que el oráculo puede darnos es una idea de lo que está pasando en nuestro interior. Nos ayuda a reconocer lo que está «mal», lo que podemos dejar ir, y nos permite fortalecer todo lo que es bueno e importante para el camino. El oráculo nos pone sobre la pista, nos «empuja» en la dirección de nuestra propia verdad y alimenta nuestra conciencia si dejamos que lo experimentado y todo lo que le pertenece vibre en lo profundo de nuestro corazón y acepte la posibilidad de un cambio profundo.

Que a todos los que tengan estas cartas en sus manos se les regale sabiduría, conocimiento, crecimiento y, sobre todo, felicidad. ¡Que así sea!

Arana

El mensaje
de las cartas

1

Recarga fuerzas en la naturaleza,

y concédele un descanso al cazador que hay en ti.

Estás conectado a todo lo que existe. Eres una parte de la gran totalidad. Tu alma clama tranquilidad, contacto con la verdadera naturaleza interior. Sumérgete por completo en la naturaleza de tu mundo, ese mundo que te rodea en esta vida desde que naciste. O visita ese mundo que te llama. Concédele un descanso al cazador que hay en ti.

Esta carta te indica que ha llegado el momento de detenerse, también puede ser una prueba. Sal fuera y escucha con atención a los árboles. Te hablan de forma muy sabia y te dan pistas sobre tu verdadero potencial. Anula todos los planes y reflexiona sobre lo que realmente te da fuerza. Concédete un tiempo para amarte a ti mismo y prestarles atención a tus necesidades más internas. Cuando empieces a seguir sólo el camino de tu alma, no volverás a quedarte sin fuerzas, porque en este camino cada paso que des te hará más fuerte. Respeta la decisión de tu alma.

El lugar en el que has nacido es para ti un lugar de poder. No se hace referencia a la habitación o al edificio donde naciste, sino a la zona y la naturaleza que te rodea. Quien nació y creció en las montañas nunca se sentirá tan cómodo en lo llano como en lo montañoso, y viceversa. Allí donde están tus raíces, se esconde un secreto. En ese rincón no sólo alcanzarás las reservas de tu poder interior, sino que también experimentarás la luz de la bendición que tu gran madre una vez te dio. La naturaleza que tu alma ha elegido siempre te inspirará y dejará que todas tus experiencias maduren para que en lo más profundo de ti puedas realizar lo que realmente quieres. Claro que puede haber excepciones, pero esas personas no sacan esta carta.

Tus compañeros durante los próximos **21 días:**

Animal de poder:	tauro
Aceite esencial:	nuez moscada
Piedra sanadora:	piedra del sol
Número:	1

2

Sigue el camino de tu alma,

y no dejes que nada te detenga.

Ahora es el momento de seguir por el camino del alma. No te dejes distraer más por las vibraciones negativas del exterior. Todos tus ayudantes espirituales reciben ahora un apoyo muy poderoso por parte de la fuente divina de todo el ser. Así podrán guiarte aún mejor, con mayor rapidez y decisión, hacia los campos de la felicidad y la satisfacción.

Pon al ciervo como tu sutil compañero a la cabeza de todos tus otros compañeros espirituales y síguelo. El universo entero te apoya y te envía la luz divina de la claridad, así como una determinación irrefutable. No te pierdas este gran momento que ahora te regalan. Abre todos tus sentidos y también tus chakras, y deja que todo lo que ahora fluye hacia ti fluya a través de ti.

Estás ante un umbral. Se abre ante ti un sendero que te va a guiar a dimensiones superiores y a una consciencia ampliada. Aprovecha ahora todas las oportunidades que se te ofrezcan para ir por el camino del alma, pero también por el camino de la maestría. Para ti eso significa dejar de juzgar. Alégrate, sé agradecido y prepárate con meditación y una alimentación ligera. Deja el ciervo a tu lado en todo momento y obsérvalo. Él te regala sabios consejos. Probablemente te llevará hacia un maestro mundano o quizá hacia un maestro espiritual, ambas cosas están bien; admite sus consejos. Ahora es más importante que nunca que no dejes que nada te aleje de tu centro.

Tus compañeros durante los próximos **21 días:**

Animal de poder:	ciervo
Aceite esencial:	romero
Piedra sanadora:	rubí
Número:	2

3

Da rienda suelta a tu creatividad,

y sumérgete en el mundo de los sentimientos.

Permítete descender a lo más profundo del mundo de tus sentimientos. Hay una magia especial escondida en él. Entrégate por completo a la magia de lo que sientes. Y halla en tu interior una luz creativa indomable lista para crear belleza.

Tus sentimientos no conocen de razón ni de reglas, así como tampoco saben de barreras. Son como el agua, simplemente fluyen y corren sobre todos los obstáculos o se los llevan. Es hora de adueñarte de tus emociones sin crear muros, estrecheces ni prohibiciones. Lleva tranquilidad y sosiego al mundo de tus sentimientos, pues cuando lo hagas, conocerás y aprovecharás la magia presente en él. Una vez que hayas llevado tranquilidad a este mundo, lo dominarás, y entonces podrás entregarles a tus sentimientos el poder sobre el camino de tu alma. Siéntelo, experiméntalo y luego síguelo, puesto que él es el sendero de tu corazón, el sendero de tus sentimientos más puros. Entrégate a la vida y al río de la creatividad que fluye en tu interior, y crea algo. Baila, canta, ríe y juega, y libérate. Probablemente haya quien te llame loco, quien piense que eres un ingenuo o incluso quien se ría de ti, pero al final todos verán la sabiduría de tus acciones.

El camino de tu alma es también siempre el camino de tu corazón, y ese camino está en una dimensión que nuestro entendimiento y nuestra razón no logran entender.

Tus compañeros durante los próximos **21 días:**

Animal de poder:	koi
Aceite esencial:	loto
Piedra sanadora:	piedra lunar
Número:	3

4

Tus sentidos se despiertan,

percíbelos conscientemente y ralentiza tu vida.

Aminora el ritmo de tu vida, vete un poquito más despacio; de lo contrario, te perderás todo lo bonito que el camino tiene para ti. Percibe todo lo que te rodea conscientemente, deja crecer tus sentidos de nuevo. Huele las flores, saborea el néctar, mira los colores y escucha los sonidos y todas las canciones enigmáticas que hablan del amor y del ser eterno. Deja que todos tus sentidos internos se despierten a la vida, la clariaudiencia, la clarividencia, la clarisensibilidad y, sobre todo, la clariconciencia. Tu alma lo está pidiendo ahora y el tiempo ha madurado. Abre tu tercer ojo, es el momento adecuado, y empieza a ver, empieza a reconocer. Ahora comienza a entrenar todos tus sentidos intensamente a través de ejercicios y a través de la meditación.

Todo lo que ves con tu ojo físico está impregnado de un espíritu listo para tocarte, apoyarte y guiarte: cada piedra, cada flor, cada amigo. Empieza a notar los sentidos de tu corazón y los del tercer ojo, y permite que te lleven por senderos más luminosos.

Esta carta quiere decirte que el tiempo en el que estás ahora tiene una vibración favorable para abrir tu tercer ojo. Así que lleva a los compañeros recomendados a este tiempo mágico tal y como se describe en la introducción. Son especialmente importantes el número y la piedra.

Tus compañeros durante los próximos **21 días:**

Animal de poder:	águila
Aceite esencial:	rosa
Piedra sanadora:	diamante
Número:	4

5

Es hora de cambiar,

no esperes más ni demores decisiones.

Todo en ti está pidiendo un cambio, tu alma también. Te aguardan nuevos impulsos, nuevos caminos. El cambio viene del cambio.

Derriba las estructuras rígidas que intentan sujetarte. Empieza con cambios que te resulten fáciles, como limpiar la casa y tirar trastos viejos. Vete a la peluquería, déjate hacer un bonito peinado, cómprate algo nuevo y estrénatelo. Atrévete a hacer algo osado, algo loco, algo que siempre hayas querido hacer. Y luego busca aliados afuera, porque el cambio es más divertido cuando hay otros que también quieren cambiar sus vidas. Hablar de ello te dará fuerzas.

Es la hora, no esperes más. Esta vida es demasiado bella como para desperdiciarla con estrategias de evasión. Si lo haces, la vida pasará de largo. Te pasará desapercibida. Comienza con cosas simples, las grandes vendrán después y cambiarán por sí solas. Lo importante es no rendirse. Cambia algo cada día, comprobarás que los milagros se hacen realidad. Estás ante una puerta repleta de luz. Cuando logres atravesar esta puerta a través del cambio, comenzarás a entenderte a ti mismo. Enfréntate a todo aquello que más te cuesta cambiar, a todos esos hábitos oscuros que son como trampas en el camino del alma.

Esta carta te brinda una enorme oportunidad. Libérate de la estrechez autoimpuesta y te darás cuenta de que muchas cosas no son lo que parecen.

Tus compañeros durante los próximos **21 días:**

Animal de poder:	fénix
Aceite esencial:	pino
Piedra sanadora:	amatista
Número:	5

6

Tu mayor deseo te está atando,

deshaz el nudo y limpia tu mente.

Ser feliz significa no cargar deseos ni anhelos dentro de uno mismo. Sólo así conseguiremos un corazón ligero y una vida libre. Tus innumerables deseos son en ocasiones una maldición. Deshazte de todas tus expectativas, de todo aquello que tan vehemente deseas, puesto que eso no hace sino apartarte de vivir el momento. Libera tu espíritu y tus pensamientos de deseos, y siente cómo la luz y la paz entran en ti. El destino de tu ser no te olvida. Todo lo que deseas y lo que debes recibir vendrá hacia ti. No tienes que ser esclavo de tus anhelos.

La belleza, la riqueza, el amor y la plenitud sólo se viven y satisfacen en el corazón, y no tienen nada que ver con lo que hay en el exterior. Todo lo que necesitas viene a ti. Agradece lo que tienes y vive intensamente el momento de la gratitud. Sumérgete profundamente en él y sé libre. El agradecimiento es una llave mágica, abre el momento y conduce a la libertad.

Esta carta te invita a limpiar tus pensamientos y centrarte en todo lo que tienes, en todos tus regalos, en todos los seres que te aman y valoran, en tu vida. Trabaja intensamente con el colibrí, es tu animal de poder. Él te muestra la vida libre que late y te lleva hacia tus habilidades ocultas, hacia los talentos de tus antepasados reunidos en ti, pero para eso necesitas una mente clara y libre de deseos mundanos.

Tus compañeros durante los próximos **21 días:**

Animal de poder:	colibrí
Aceite esencial:	rosa
Piedra sanadora:	perla
Número:	6

7

Libera el río de tus energías creativas,

y aprovéchalas para tu vida.

En todos y cada uno de nosotros fluye un río mágico de creatividad. Éste es diferente para cada uno y se siente también distinto. La forma en que este río y estas energías buscan expresarse varía de persona a persona, pero también de situación a situación. Como niños, simplemente nos entregamos a él y sentimos la alegría que nos da. Pero también nos aporta paz interior, equilibrio y concentración. Nos ayuda a olvidar el tiempo y a estar en el ahora.

Recuerda tu infancia, los juegos que llenaban tus horas. Estabas tan cerca de tu poder creativo. No uses ahora tus poderes creativos con la esperanza de ganar reconocimiento y gloria, porque entonces todo ese poder fluirá lejos de ti, sólo alimentarás a otros con él. Por ese motivo no has sacado esta carta. Tienes esta carta en tus manos para liberar el flujo de tu creatividad y emplear estas energías en ti personalmente. Nunca las suprimas. Se encallarían y manifestarían como bloqueos en tu interior, te volverían un ser insatisfecho y malhumorado. Si las energías están ahí, tienen que fluir. Dales libertad de acción, úsalas, baila, pinta, canta. Son un regalo, no las desaproveches. Te elevarán a niveles con los que otros sólo se atreven a soñar. Entrégate completamente a tu creatividad. En tales momentos, puedes estar muy cerca de la fuente divina y sentir su amor eterno en tu interior.

Sea cual sea tu profesión, halla ahora el momento para ser creativo. Es más que importante para el camino de tu alma y te traerá curación y paz.

Tus compañeros durante los próximos **21 días:**

Animal de poder:	azor
Aceite esencial:	pomelo
Piedra sanadora:	ojo de gato (ojo de tigre rojo)
Número:	7

8

Vive como un soñador en este mundo,

y crea un futuro paradisíaco.

Los soñadores de este mundo son creadores activos de su vida y de su futuro. Están atados a los campos de la fantasía y la creatividad. En esos campos está disponible para nosotros un potencial creador repleto de fuerza.

Cada sueño fluye hacia los campos de la realización, porque los sueños tienen exactamente la energía necesaria para ello. No hay ego ni voluntad obstinada, sólo el sentimiento puro de soñar en sí mismo. Los soñadores están profundamente conectados a su propia magia. Conscientes de ello o no, prescinden de todo lo demás en el momento de soñar y permanecen en un espacio donde sólo hay magia. Así que guarda en tu corazón tus audaces, atrevidos y grandes sueños, son más valiosos que todas las riquezas de este mundo. Sueña con todas tus fuerzas por el bien de todos los seres. Sueña con un mundo que se asemeje al paraíso. Ésta es tu tarea, tu responsabilidad. Sueña con un mundo mejor para todos nosotros. Sólo quienes pueden imaginar un mundo así lograrán crearlo. No es sino la antigua ley cósmica de las analogías, «dentro y fuera». Sólo lo que está dentro de nosotros puede ser creado en el exterior. Da más poder a tus sueños e imágenes interiores sintiéndolos con mayor intensidad y te llevarán a tu potencial.

Esta carta te dice que estás inmerso en un tiempo en que los sueños llevan más que nunca el poder creador: tus sentimientos y emociones representan la magia que hace que tus sueños se hagan más rápido realidad. Usa su luz y entrégate a los sueños. Sueña con un paraíso para todos los seres. Visualízalo cada día y refuerza estos sueños con los compañeros recomendados.

Tus compañeros durante los próximos **21 días:**

Animal de poder:	nutria
Aceite esencial:	sándalo
Piedra sanadora:	mármol Moqui
Número:	8

9

Abandona los círculos habituales,

y rodéate de tus verdaderos compañeros.

Sé consciente de quiénes son tus compañeros y bendice vuestra conexión. Tus verdaderos compañeros son seres que llevan mucho tiempo junto a tu alma, y siempre están preparados para darte forma y apoyarte en el camino de convertirte en un ser superior. Los conoces desde hace millones de años. No son «los amigos» que te siguen la corriente, aquellos que no te aportan nada, sino los que pueden quizá desquiciarte, los que te generan problemas. Son aquellos que con demasiada frecuencia te regalan sentimientos desagradables. Esas personas presentes en tu vida que te abruman con sus lecciones. Reconoce su valor.

Pero tus compañeros son también quienes han luchado por ti, los que han querido protegerte aun cuando posiblemente no les hayas prestado demasiada atención. Tus compañeros son personas, animales y también otros seres, ábrete a todos los mundos.

Tú avanzas por el camino de la maestría y a tu alrededor hay maestros. Has llegado lejos, te has encontrado con muchos compañeros, has aprendido muchas lecciones y tienes otras tantas pendientes. Has cogido esta carta para soltar a uno de tus maestros. Deberías crecer por encima de él. Valora todos los aspectos de tu relación, ¿qué deberías aprender?

Esta carta te anima a abandonar los círculos habituales y a invitar a nuevos compañeros a adentrarse en tu vida, sé valiente. Y no olvides que soltar a medias no sirve de nada.

Tus compañeros durante los próximos **21 días:**

Animal de poder:	zorro
Aceite esencial:	abeto común
Piedra sanadora:	cornalina
Número:	9

10

Siente la fuerza de la sangre y de los antepasados,

no estás solo.

«La sangre es más espesa que el agua», reza un viejo refrán. Expresa un vínculo inquebrantable. Has cogido esta carta porque debes acordarte de tus antepasados. No son solamente una fuente de fuerza inagotable y portadores de tu destino. Son la fuente de la que brotan el saber y la sabiduría.

Estás conectado con tus antepasados a través de tu sangre. Siente el latir de la sangre en tus venas y no niegues a tus antepasados, camina por sus senderos. Honra y cuida tus raíces. Mira en el círculo de tus antepasados. Alguien quiere contactar contigo para guiarte. Escucha los consejos que te son enviados, puesto que provienen de un campo del amor que es más antiguo que nuestra tierra.

Entre tus antepasados hay sacerdotes, sacerdotisas, chamanes y curanderos, mujeres santas y personas que verdaderamente saben. Escúchalos y siéntelos, uno a uno te llaman por tu nombre. Tu árbol genealógico es fuerte, en él hallarás todas las respuestas. No estás solo ni aislado, sino en mitad del campo de los antepasados. Intenta conectarte con este campo, trata de mirar en él. Coge la bendición que viene de allí y siente lo que tus predecesores te quieren enseñar. Apóyate siempre en tu árbol genealógico para coger fuerzas y obtener sabiduría. No estás solo.

Tus compañeros durante los próximos **21 días:**

Animal de poder:	jaguar
Aceite esencial:	flor de magnolia
Piedra sanadora:	granate
Número:	10

11

Entusiasmo y energía,

avanza fácilmente, aprovecha esta energía.

El destino te mira con buenos ojos y el camino de tu alma está libre de barreras y obstáculos. Aprovecha el empuje que te regalan para llegar lejos. Plantéate qué es lo que realmente quieres. ¿Qué te debe traer esa «vía libre» llena de energía, creatividad y facilidad? ¿Qué tema es importante ahora? Concéntrate en ello y ábrete a las fuerzas divinas y a la sabiduría que ahora fluye hacia ti.

Ahora es el momento de empezar un tema. No te pierdas en detalles y aprovecha la luz presente en ti para este importante proyecto. Deja a un lado todo lo demás durante un tiempo. Haz que ese proyecto ocupe el centro de tu universo. Conviértete en el creador de tu vida y de este mundo. En esta fase tienes un inmenso poder de atracción hacia los demás seres. No te pierdas los momentos que ahora te permiten crear nuevos, fáciles y cariñosos lazos… con la gente y los animales, con el espíritu de las plantas, con los seres de la naturaleza y con los seres espirituales.

Fluye con la vibración del destino que en este instante se antoja tan buena para ti. Aprovecha esta oportunidad con el corazón abierto, sólo así los sueños se harán realidad.

Tus compañeros durante los próximos **21 días:**

Animal de poder:	cisne
Aceite esencial:	citronela
Piedra sanadora:	citrino
Número:	número maestro 11

12

Necesitas nuevas estrategias,

halla el camino al amor y a la felicidad.

Has cogido esta carta porque en tu vida hay algo que no está progresando, hay algo que se ha estancado. Quizá algo que te hace infeliz y te aprisiona. Sigues dando vueltas y vueltas, y has perdido de vista el camino a la felicidad. Es una gran pérdida.

Suelta aquello que te hace sentir solo y pesado por dentro, aunque en el exterior luzca un aspecto espléndido y muchos colores. No te dejes deslumbrar ni cautivar por las apariencias externas. Habrá gente que diga: «¿Cómo puede hacer eso?», decide ahora por ti mismo y el verdadero camino de tu alma antes de que sea demasiado tarde. No te aferres a viejos sueños y esperanzas si ya no te enriquecen y encima no son fáciles. Busca una nueva estrategia. Desarrolla un plan que te lleve rápida y eficazmente a una vida plena y feliz. Sé siempre prudente y no te entregues a acciones precipitadas que te harán hundirte aún más. Deja de evitar decisiones y libérate de las cadenas que te has creado tú mismo. Sal de tus zonas de confort. Tu alma no necesita suntuosidad ni presumir ni autoconfirmarse, requiere libertad y la perspectiva de un camino natural y lleno de luz. Te llama por tu nombre y te dice: «Sigue a tu corazón y al amor».

Esta carta te impulsa a ordenarte interiormente y a observar todo lo que te rodea con un ojo vigilante para ordenar también lo que está fuera. Se trata de una nueva organización.

Tus compañeros durante los próximos **21 días:**

Animal de poder:	dragón
Aceite esencial:	lavanda
Piedra sanadora:	turmalina negra
Número:	3

13

Mantente por encima de los días oscuros de la vida,

no luches, confía;
la luz siempre vuelve.

Días claros y días oscuros; vienen y van. La noche está aquí, fresca y gris, pero llegará el día, repleto de sol y de luz, cálido, suave y curativo en tu piel. No luches, no hay nada por lo que luchar. Tú no eres la noche ni tampoco el día, estás por encima de ambos. No eres ni la oscuridad ni la luz. Tú eres eso que absorbe ambas cosas y hace de ello algo nuevo.

No hay nada que el exterior pueda ofrecerte, sólo la luz de tu corazón y la voz de tu alma son importantes. Medita en el silencio. No te dejes seducir por la rabia, la ira y la tristeza. Mantente por encima de ello; tú no eres ni tu rabia ni tu ira, tampoco tu tristeza, sino esa que intenta siempre hacerte sentir mal. Siempre eres la persona por la que tú te decides, la que tú quieres ser. Así que siempre está en tus manos.

Tu espíritu guerrero sirve a la luz y te lleva a estar centrado y a adentrarte en la meditación. Tu luz guerrera interior trae consigo sabiduría y silencio, y rompe con todas sus armas la sombra de la depresión, que extiende sus frías y heladas manos hacia ti. Conéctate intensamente con la vibración del guerrero que llevas dentro y no lo rechaces por más tiempo. Esta parte de ti es sabia y conoce la paz mejor que cualquier otra parte, porque es exactamente ella la que vela por la paz. El guerrero está por encima de todo lo que parece amenazador, puesto que ya conoce el miedo. Lo conoce tan bien que ya no lo teme.

Tus compañeros durante los próximos **21 días:**

Animal de poder:	pantera
Aceite esencial:	madera de cedro
Piedra sanadora:	jaspe de piel de serpiente
Número:	4

14

Se presenta un camino difícil,

pide ayuda y aprende,
todos estamos conectados.

La vida y el camino de tu alma son misteriosos, y de vez en cuando la senda se vuelve pesada. Es entonces cuando el necio y el sabio pueden aprender que no existe la independencia. Estamos determinados por todos los seres. Todo está entrelazado, todo influye en todo. La fuente divina quiere enseñarnos los lazos, y esto lo aprendemos mejor en los trayectos del camino de nuestra alma, que son rocosos e inciertos o incluso terroríficos. Entonces encontramos aliados que nos conmueven profundamente con su compasión y ayuda, y nos convertimos en amantes compasivos, en personas que ayudan y a veces incluso en héroes. En este instante tu camino es difícil, pero ésta es tu oportunidad para aliarte con otros, para crecer por encima de ti, para ayudaros mutuamente. Es hora de dejarse llevar.

Busca ahora en el exterior conscientemente a aliados y compañeros de viaje. Atrévete a pedir ayuda. Reconoce que no estás solo, tienes amigos y compañeros en todos los mundos, en todos los tiempos y en todas las dimensiones. Llámalos, recibe sus fuerzas, pero también sus buenos consejos. En este momento, de inmediato, recurre a la ayuda de los compañeros recomendados. Te ofrecen todo lo necesario para este tiempo, también la protección que precisas; trabaja para ello de forma intensa sobre todo con el número.

Tus compañeros durante los próximos **21 días:**

Animal de poder:	lobo
Aceite esencial:	naranja
Piedra sanadora:	sodalita
Número:	5

15

Hechizas por tu ser,

la magia fluye en ti de manera clara y brillante.

Esta carta te recuerda que cada corazón esconde una fuerza mágica. ¿Eres consciente de ello?

La magia no está fuera de ti. Es la luz blanca que fluye por un meridiano, es la vida. Ella crea la vida. La magia es la luz que penetra en las profundidades de la oscuridad para despertar allí todo y guiarlo al desarrollo de tu propio ser divino. La luz está en ti.

Puedes despertar algo maravilloso dentro de cada ser, al igual que el sol toca y despierta a una semilla dormida en la tierra. Esta magia se expresa a través de cada sonrisa regalada a los demás, a través de cada gesto de amor, pero también a través del aprecio hacia los otros. Vete por el mundo como una hada buena o una sacerdotisa, como un mago o un hombre sagrado, y deja fluir la magia que habita en ti sobre todo y sobre todos los que se cruzan en tu camino. Tú eres un regalo, eres valioso, estás lleno de la luz de la magia que habita en tu corazón. Al final, tu recompensa será que todo lo que has dado volverá a ti multiplicado por cien.

Empieza ahora a recorrer el camino de tu propia magia. Conviértete en una sacerdotisa o en un mago de un nuevo mundo a través del brillo mágico de tu verdadero ser.

Tus compañeros durante los próximos **21 días:**

Animal de poder:	unicornio
Aceite esencial:	ylang-ylang
Piedra sanadora:	cuarzo rosado
Número:	6

16

El conformismo es la muerte interior,

vive de forma auténtica y sé valiente.

Algunas veces está bien adaptarse a la situación, a menudo es un signo de cortesía. Sin embargo, esta carta busca ser una advertencia. Vivir significa recorrer con valor tu propio camino. Morir significa seguir el camino de los demás. En los senderos de los otros puedes sencillamente existir, pero no vivir. La luz de tu vida sólo la encuentras en tu camino del alma.

Reconoce tus mentiras y tus errores. Es un error creer que puedes gustarle a todo el mundo. No puedes complacer a todos. Es completamente imposible. Te has dejado cegar por los múltiples colores de aquellos que te roban tu fuerza y tu luz, te has perdido en ellos. Te has adaptado como lo haría un camaleón, has hecho tuyas sus vibraciones y opiniones.

Es hora de despertar y aprender a decir no. Es hora de vivir solamente tus propios colores, de sentir tu propia felicidad, de desplegar tu propia luz. ¿Vivir o morir? ¿Tú que quieres? ¿Quién eres tú?

Es el momento de que te rebeles, empieza tu revolución. Libérate de tus propias energías inferiores. Ya va siendo hora de que decidas quién quieres ser. También ha llegado el momento de hacérselo saber al mundo y a la gente de tu alrededor. Deja tus dudas. Tu alma te habla. Escucha a tu corazón, ya que sólo de allí mana su verdadera voz. Escucha atentamente a tu propia verdad.

Tus compañeros durante los próximos **21 días:**

Animal de poder:	tigre
Aceite esencial:	aceite de árbol de té
Piedra sanadora:	ágata blanca (también se la llama «ágata de la paz»
Número:	7

17

Las llamas del deseo,

deja que resplandezcan y aléjate de los caminos oscuros.

La llama ardiente del amor que vive en ti anhela la plenitud, la corporalidad, el tacto, la ternura, la sensual vida en pareja. Es el más antiguo y verdaderamente divino deseo de fusión, de disolución de la materia. Lamentablemente, en nuestro mundo la llama del deseo se usa para unir la materia. Esto es exactamente lo opuesto a lo que nuestra fuente divina alguna vez pretendió para nosotros. «El sexo vende», es ahora nuestro lema, o al menos es el de muchos que quieren vender algo, y funciona, por desgracia. A menudo esta llama también se utiliza para practicar la magia negra y para atar a otras personas.

Esta carta te enseña la verdad. Con ella escaparás de un plan falso y destructivo para vivir un amor físico y divino. Cuando dos se funden en las ardientes llamas del amor, olvidan quiénes son. Disuelven el «yo» y se convierten en verdaderas personas que sienten, en seres hechos de pura energía. Busca la verdad a través del placer, del deseo y de las llamas del amor presentes en ti y en tu pareja. Si no tienes pareja, busca a un hombre o una mujer que encienda el fuego en ti sin poner condiciones.

Trata activamente el tema del deseo y no te avergüences de lo que te atrae. La fuente divina nos ha regalado la llama ardiente del amor, así como el anhelo de tener pareja y el ansia de fundirnos.

Tus compañeros durante los próximos **21 días:**

Animal de poder:	cobra
Aceite esencial:	pachuli
Piedra sanadora:	ópalo noble
Número:	8

18

Perdido en las ruinas del pasado,

encuentra el camino hacia el ya y vive.

Eres un viajero por el camino de tu alma. Para recorrer esta senda, necesitas todo tu valor, puesto que vas siguiendo la luz de tu corazón hacia un futuro incierto.

Pero ahora has cogido esta carta y es para ti una señal muy importante. Te has perdido en las ruinas del pasado, ruinas que son restos de un mundo no muy bonito y pesado. Demasiadas veces vuelves la vista atrás en lugar de mirar hacia delante. Mientras tanto te ves atrapado en los lugares del pasado, los cuales hace tiempo ya que no tendrían que tener poder sobre ti y tu vida. Aunque pudieras volver atrás, estarías allí, en el lugar adonde llegarías, en soledad. No encontrarás a nadie allí. Entonces ¿qué es lo que buscas en las ruinas silenciosas del pasado, en esas que sólo te traen soledad y amargura? Estas ruinas simbolizan todas tus oportunidades perdidas. No puedes volver a construirlas, ahora son como son. Si permaneces aquí, empezarás a ver tu vida sin sentido y triste, cuando ha de ser una aventura maravillosa y mágica.

Siente la luz de tu corazón y escucha el sonido de tu alma, avanza y hallarás muchas posibilidades nuevas e infinitas, nuevas aventuras, nuevos encuentros y un nuevo amor. Si vives de forma constante en el portal de la luz del presente, con la mirada fija hacia el futuro, estás en el camino de tu alma. Dale la espalda al pasado y halla el camino de vuelta hacia el ya. Ahora es importante que te perdones a ti mismo; luego sigue y mira hacia delante.

Tus compañeros durante los próximos **21 días:**

Animal de poder:	ratón
Aceite esencial:	limón
Piedra sanadora:	ópalo negro
Número:	9

19

El templo de la sabiduría,

entra en él y empieza a valorar tu propia verdad.

Esta carta es algo así como el comodín. Si la coges, estará a punto de suceder algo grande. Experimentarás a Dios, conocerás la fuente de todo ser. Dios, o la fuente divina, no es un ser ni un objeto ni una idea. Es una experiencia. Algo que penetra en ti y te cambia.

Todo está en Dios; todo lo que ves, toda la creación, está en la fuente divina. En ocasiones te sientes lejos de Él, pero fluye por ti en todo momento. Dios, la fuente divina o el nombre que tú utilices está dentro y alrededor de ti.

Entra en el templo de la verdad que está en tu propio corazón y desde allí llama a Dios. Es hora de dar un paso adelante. Busca para ello el silencio y estate preparado. Persigue tu verdad, pero no vayas tras ella en el exterior, porque sólo se encuentra en el propio corazón de uno. Ábrete al conocimiento de que la verdad es algo muy individual. Cada uno tiene la suya propia, y eso está bien, puesto que cada uno ve y siente las cosas a su manera. Todos tenemos derecho a tener nuestra propia verdad, y todos deberíamos ser tan sabios y generosos como para tolerar y respetar la verdad del otro.

Empieza también a valorar tu propia verdad. Ponte en marcha para experimentarte a ti mismo y sé valiente, hace tiempo que estás preparado. Reconoce que es tarea tuya ser feliz y vivir algo nuevo. Para ti sólo existe un templo de la verdad y está en ti. Se encuentra en el interior de tu corazón, allí están todas las respuestas, de allí nacen todas tus preguntas. Y ahora lee la frase anterior de nuevo y acógela en tu corazón, pero entiéndela también con tu razón.

Tus compañeros durante los próximos **21 días:**

Animal de poder:	oveja o cordero
Aceite esencial:	abeto común
Piedra sanadora:	larimar
Número:	1

20

La naturaleza te llama,

con su fuerza sanadora te quiere tocar, llenar y proteger.

Eres vulnerable, te sientes desnudo y solo. Pero mira a tu alrededor: toda la creación está aquí para curarte y protegerte. Tu gran madre, nuestra tierra, se supera a sí misma en ocasiones con sus milagros y con su belleza perfecta para tocarte y llenarte. Pero una y otra vez vas por un camino pesado, un camino del dolor, aunque hace tiempo que dentro de ti sabes que existe otro camino. Escucha a tu alma, ella te habla de su alegría, de la risa y de que está realmente sana. Tú la escuchas, pero no le prestas atención. Te habla de caminos diferentes libres de heridas y de dolor. Te muestra sendas más fáciles, caminos llenos de milagros y sabiduría.

Nadie quiere añadirte heridas ni empequeñecerte, nadie quiere hacerte enfadar. Pero hay una parte en ti que continuamente te lo pide. En ocasiones te perjudicas a ti mismo y a tu salud, no te quieres y eres impaciente o poco complaciente contigo mismo. Muchas veces te sientes poco atractivo e inútil. La curación consiste en aceptarlo todo sin juzgar. El exterior reacciona sólo a tu interior. ¿Alguien te está haciendo daño? Pues no reacciones ante ello, busca la raíz. ¿Por qué pueden hacerte daño? Cura la raíz, está dentro de ti.

El tema de esta carta no es nada fácil, pero urge. Elige ahora el camino del autoconocimiento. Abandona las energías inferiores, los senderos oscuros de tu papel de víctima. Empieza a brillar con tu verdadera luz.

Tus compañeros durante los próximos **21 días:**

Animal de poder:	puma
Aceite esencial:	aceite de árbol de té
Piedra sanadora:	esmeralda
Número:	2

21

Reconoce en la desesperación una oportunidad,

en ella hallarás el regalo del despertar.

En las noches más oscuras, en las profundidades más bajas y en la mayor desesperación, está escondido el regalo del despertar. Por eso no juzgues y no digas que es o que fue un mal momento, aprovecha este tiempo con todas tus fuerzas como si de un pistoletazo de salida se tratara. Aprovecha cualquier bajón en tu vida como si de un nuevo comienzo se tratara.

Las grandes emociones también llevan consigo la magia más grande. Aprovéchalas para uno o más rituales. Celébralos, entrégate y a partir de esta gran fuerza interior, crea una gran luz, una supernova interior. Con esta fuerza cambiada, crea algo más, aquello que desees para ti personalmente, algo nuevo o quizá algo osado. Dichos tiempos son perfectos para forjar un futuro nuevo y maravilloso. Aprovecha esta oportunidad para superarte y crecer por encima de ti y de tu pequeño yo. La desgracia ni te devorará ni te destrozará, muy al contrario, te llevará a dimensiones superiores.

Esta carta te quiere acercar a uno de los rincones más oscuros. Acuérdate de él o a lo mejor ahora estás en medio de él. Duele, pero este dolor ha llegado a ti como amigo. Te quiere hacer más atento, más consciente y más sabio. ¡Aprende! No pierdas la ocasión de conocer algo grande, de descubrir aquello escondido tras tanta desesperación y tragedia.

Tus compañeros durante los próximos **21 días:**

Animal de poder:	leopardo
Aceite esencial:	elemí
Piedra sanadora:	jade verde
Número:	3

22

Es tiempo de romanticismo,

y con él llega la oportunidad de una vida brillante.

¿Qué descubres al mirar esta carta? ¿Ves pureza e inocencia, puedes percibir el suave, casi imperceptible, susurro del viento? ¿Y el delicado crujido del vestido que se crea cuando el dobladillo pasa por el suelo entre los rosales? ¿Eres capaz de oler el exuberante aroma de las rosas en flor? ¿Y de sentir la dulzura del sol que se pone en el horizonte? ¿Escuchas el melancólico canto de los pájaros que al mismo tiempo rinden homenaje al día y se despiden?

Hace ya mucho que sucumbiste al romanticismo de la vida, tu mente siempre está luchando contra ello. Escucha a tu alma, que te dice: «Ha llegado el momento de la entrega». Conviértete en la reina de la rosa o en el príncipe de la hiedra, píntate con los colores del arcoíris y adórnate con la luz de las estrellas. Si deseas avanzar en el camino de tu alma, el romanticismo ha de ocupar un lugar firme en tu vida, puesto que te hace detenerte y te muestra el mundo proyectado en los ojos del enamorado. Sólo entonces reconocerás sus verdaderos colores y su auténtico brillo, sólo entonces serás atractivo para todo aquello que quieras atraer. Entonces tu magia más interior se desarrollará en silencio, como el aroma de las rosas, que es a la vez seductor y curativo. Toma una decisión consciente y actúa en consecuencia. Tu vida se enriquecerá más, brillará más y será más fácil cada día.

Tus compañeros durante los próximos **21 días:**

Animal de poder:	colibrí
Aceite esencial:	inmortelle
Piedra sanadora:	cuarzo rosado
Número:	número maestro 22

23

Vive con rebeldía,

y créate a ti mismo y al universo.

Dentro de nosotros late un corazón rebelde. Comprendemos a Lilith, su ansia de libertad y su autodeterminación, puesto que ya brillaban en nuestros ojos, y en este momento lo hacen sobre todo en los tuyos.

No todos conocen a Lilith, por lo que incluyo unas pinceladas sobre ella: Dios creó a Adán y puso una mujer a su lado, así lo pone en el talmud. La primera mujer de Adán se llamaba Lilith. Ella era su igual, estaba segura de sí misma, se sentía orgullosa y era una mujer libre. Rechazaba servirle a Adán y se dice que cuando practicaban sexo, quería ponerse encima, hecho que a él no le gustaba nada de nada. Él la quería dominar y así empezaron a discutir. Lilith pronunció el nombre secreto del Señor, que vibra con toda su magia, y como una mujer segura de sí misma se fue volando. Se cuenta que Lilith tuvo muchos hijos, a los cuales perdió como castigo por su desobediencia y su obstinación. Lilith quería ser libre, no estaba hecha para un mundo pequeño.

Tú has cogido esta carta porque también necesitas más espacio y libertad para ti. Sal de tu propio capullo, eres una hija o un hijo de Lilith. Todas las brujas, los chamanes, los curanderos, todos los hombres sabios, todas las mujeres sabias están unidos en espíritu con ella. ¿Quién te quiere oprimir, quién quiere disputar tu espacio, quién cruza fronteras? Repréndele claramente con amor, porque a menudo los demás no sienten su mal comportamiento. Sigue el camino de tu alma, que es siempre de libertad, y de ahora en adelante ignora las quejas y el clamor de los demás. Nadie sabe que sólo tú puedes crear tu universo.

Tus compañeros durante los próximos **21 días:**

Animal de poder:	cóndor
Aceite esencial:	jazmín
Piedra sanadora:	esmeralda
Número:	5

24

El árbol de los deseos te llama,

se cumple un deseo casi olvidado.

Una vez hiciste entrega de un deseo a los campos divinos de la realización. Tus antepasados conservan este deseo desde ese día, ya que aún no estabas preparado para que se te cumpliera. En aquel entonces anhelabas mucho este deseo. Ahora es el momento; la fuente divina y el campo de lo posible lo tocan. Impulsos cálidos fluyen en tu deseo aun cuando lo hayas ido olvidando con el paso de los años.

El camino por el que vas te ha llevado a un punto en el que pueden ocurrir milagros, porque tú crees en ellos. Sólo te puedes encontrar con los milagros si crees en ellos o si realmente los quieres experimentar sin miedo y con el corazón abierto. Los milagros ocurren a diario y en todas las partes del mundo. Durante un tiempo apartaste la vista de todos estos milagros y nunca te creíste creador. Sin embargo, sólo tú creas tu mundo. El destino te tiene ideado un camino para que crezcas. Has olvidado que has de confiar en tu sendero. Ahora estás preparado para ir por el camino del alma y el conocimiento con confianza, por ese motivo has cogido esta carta.

Concédete el permiso; en el mundo espiritual los deseos libres son respetados. Has olvidado el deseo. No lo has alimentado lo suficiente con sentimientos positivos. Por eso es importante ahora rezar y expresar que crees en los milagros y que estás dispuesto a recibir uno. No pierdas esta oportunidad, te arrepentirías.

Tus compañeros durante los próximos **21 días:**

Animal de poder:	grulla
Aceite esencial:	salvia
Piedra sanadora:	hematita
Número:	6

25

Protege lo que amas,

es tu responsabilidad y tu obligación.

Eres responsable de los seres y objetos que te rodean. El bienestar de tus seres queridos debería ser prioritario. Has de protegerlos, por lo que tienes que cuidarlos. Pero también eres responsable de ti mismo, de tu protección, de tu bienestar y de tus sueños. No deberías descuidar nada de ello.

Todo lo que quieres, aquello que tu corazón ama, ha de ser protegido por ti, ya sea una persona, un animal, tu salud, una idea, lo que sea. Lucha por ello y no te preocupes por lo que digan o piensen los demás, piensa sólo en tu obligación. Deja de intentar contentar a todos. No digas que sí a todo y empieza hoy a proteger tus propios límites y los de quienes confían en ti y te quieren. Eres un guerrero lleno de luz y con espíritu noble, dentro de ti late un gran corazón que ama. Tienes el derecho y la obligación sagrada de llevarlo al mundo de la confianza, la seguridad y la dignidad.

Has cogido esta carta porque uno de tus puntos fuertes es proteger a los demás. Recuérdalo y vive acorde a ello. Siente esta fuerza en ti, dale más espacio a este aspecto de tu ser. Además, por encima de todo tienes el valioso don del consuelo. Él te regala fuerza y confianza. Recuérdalo también y no escatimes en nada. Regálales a tus seres queridos tiempo, consuelo y un amor cariñoso, y todo ello volverá a ti multiplicado por cien.

Tus compañeros durante los próximos **21 días:**

Animal de poder:	león
Aceite esencial:	citronela
Piedra sanadora:	ametrina
Número:	7

26

El amor de tu dragón te conmueve

y el campo de tu verdad se abre.

En los ojos de tu dragón se refleja tu propia verdad y en ellos luce también el amor de la fuente divina de todo tu ser. Tu dragón te llama para que tú también te conviertas en un verdadero amante. Cuando te fundes con un dragón y en tu interior llegas a comprender lo que es, creas un campo de energía que te lleva a tu propia luz sagrada, a un campo de verdad y sabiduría.

Con los ojos de tu dragón verás más, con su corazón sentirás más y con su espíritu lograrás llegar al espíritu de todas las cosas. El amor de tu dragón sanará todos los aspectos de tu ser y tú descubrirás el verdadero motivo por el que estás aquí. Con el fuego del amor este ser disolverá todos esos patrones condicionados que intentan desviarte del camino de tu verdad. Cuando tu propia y pura verdad penetre en ti, tomarás decisiones dignas de ti y del camino de tu alma, libre del miedo y del pequeño yo.

El amor de tu dragón te guía fuera de tu sombra y se adentra en la luz, en el sendero de tu determinación. Dicha senda está rodeada de sabiduría y autoconocimiento. Sólo en este sendero encontrarás tu verdad y podrás percibir el susurro de tu alma.

Tus compañeros durante los próximos **21 días:**

Animal de poder:	dragón
Aceite esencial:	nardo
Piedra sanadora:	diamante
Número:	8

27

Una sorpresa maravillosa,

te aguarda algo totalmente nuevo.

Si has cogido esta carta, es porque te espera una sorpresa, hay algo nuevo en el camino de tu alma. Quizá sea una oportunidad mágica y única, una ocasión mayor de lo que a primera vista parece. También puede ser un encuentro que te hará levantar y te encantará. Una oferta que bajo ningún concepto deberías ignorar. Estos son los momentos que llenan de magia nuestra vida y la hacen valiosa. Instantes que llevan consigo el aroma de la aventura y la melodía de la libertad. ¿Qué puede endulzar nuestra vida más que una bonita y alegre sorpresa?

Tienes esta carta porque existe el peligro de que pierdas esta sorpresa o incluso de que la eches a perder. Sería una pena. Por eso coloca esta carta visiblemente cerca de ti como una ayuda, como una advertencia diaria. Sal fuera, queda con amigos o compañeros, haz algo con los que son afines a ti y vive tu futuro próximo como un niño, sin preocupaciones. Sé juguetón, haz el bobo y pierde la razón, porque las verdaderas sorpresas de la vida, las verdaderamente preciosas, se ven mejor a través de los ojos de un niño. Lleva siempre a tu lado la nutria como un animal de poder. Recuerda que las nutrias aman el agua, así que busca su cercanía.

Tus compañeros durante los próximos **21 días:**

Animal de poder:	nutria
Aceite esencial:	vainilla
Piedra sanadora:	crisoberilo
Número:	9

28

Ten el valor de ser libre y aprende,

tu libertad empieza allí donde termina el querer.

¿Qué es para ti la libertad? ¿Dónde te sientes libre? ¿Crees que la libertad tiene algo que ver con el dinero, el poder, el reconocimiento o la inspiración? No, la libertad comienza allí donde termina el querer.

La libertad sólo existe en el presente. No la puedes planificar ni es posible llenar un «cerdito de libertad». Vive el momento y vívelo libremente. La libertad siempre está allí donde tú estás. Gírate y mira a tu alrededor. Invítala a ese momento que encierra todas las posibilidades para ti, también la posibilidad de libertad. Ábrete a ella y tómate también la libertad de ser de vez en cuando y cada vez más algo más irracional. Es la libertad la que te da el valor para despegar de vez en cuando. Te da el coraje que necesitas para reírte de vez en cuando de la razón sin dejar de prestarle atención y sin juzgarla. Como la libertad queda por encima, a través de la vibración consigue con facilidad aceptarlo todo.

Si en tu ser eres libre, estás en contacto con el sentido de la vida. No te sientas atado a nadie ni a nada, sólo así todo fluirá a través de ti. La luz perfecta de las grandes promesas encontrará su camino hacia ti sin obstáculos. Ser libre significa amar todo aun sin tratar de entender, sin preguntar ni por el sentido ni por la recompensa.

Entonces ¿qué harás ahora? Escucha el susurro de tu alma. «¿Qué quieres?», te pregunta. Respóndele y actúa de acuerdo a tu respuesta. Ten muy presente que la libertad sólo se puede encontrar en el camino de la verdad.

Tus compañeros durante los próximos **21 días:**

Animal de poder:	lince
Aceite esencial:	abeto común
Piedra sanadora:	obsidiana lágrima de apache
Número:	1

29

Juega y vive con sencillez,

escucha la voz del niño que llevas dentro.

Presta atención a la voz del niño que hay en ti; no te habla con palabras, sino con el lenguaje sin texto del corazón. Tu niño interior no miente, te habla de forma pura y sincera. Mira cómo sonríe, siéntelo.

Ahora estás listo y abierto para los bonitos momentos que se presenten en el camino de tu alma. Te has vuelto más sabio, más libre; celebras las cosas cuando te apetece. Tu niño interior se alegra de que hayas recuperado tu carácter juguetón y salvaje. Adórnate el pelo con flores, celebra una fiesta con tu niño interior; concédele un deseo. A cambio recibirás de él algo que no se puede comprar en este mundo. El niño interior que hay en ti tiene el poder de prolongar el tiempo. Es capaz de transportarte a espacios donde el tiempo corre más despacio.

Juega y supera la tonta construcción del tiempo que te rodea y que en realidad no tiene nada que ver contigo. Escucha el susurro que penetra suave y silencioso en ti, permanece atento al mensaje: «Tómate la vida como un juego, y dejarás de atarte al tiempo».

Tus compañeros durante los próximos **21 días:**

Animal de poder:	nutria
Aceite esencial:	naranja
Piedra sanadora:	cristal de roca
Número:	número maestro 11

30

La vida en pareja en los nuevos tiempos,

ahora es posible.

En los tiempos que corren, la vida en pareja es como un espejo, refleja todos nuestros aspectos y nos ayuda a recorrer el camino del autoconocimiento. Con una vida en pareja así, tenemos la sensación de poder volar. Nos transmite una fuerza que nos dice: «Todo es posible». Nos enseña que cualquier cosa y cada uno de nosotros somos únicos y divinos.

La vida en pareja de ahora empieza allí donde termina el deseo hacia el otro y huye de la fusión cariñosa, de ésa en la que la posesión y el control ceden su sitio al abandono y la libertad. ¿Estás preparado para ello?

Tienes esta carta entre tus manos porque tu camino del alma toca el de otra persona y a ambos se os presenta la oportunidad de fundir vuestros caminos durante un tiempo común y enriquecedor. Si tu relación de pareja ya muestra la madurez y el deseo suficientes, vuestra vida ya se adecua a los nuevos tiempos.

Examínate a ti mismo y haz todo lo posible por vivir una vida en pareja así. Solamente aquel que le regala a su pareja lo que él desea recibirá esto mismo. Tu vida en pareja servirá de espejo para todas las vidas en pareja de los nuevos tiempos que nacerán en el futuro. Sin embargo, esta carta también ha llegado a ti para decirte que es hora de ser activo. Enfréntate al tema, ya ha pasado el tiempo suficiente. Sólo tú eres el creador de todo lo que existe.

Tus compañeros durante los próximos **21 días:**

Animal de poder:	liebre
Aceite esencial:	jazmín
Piedra sanadora:	rodocrosita
Número:	3

31

Estás creciendo espiritualmente,

explora nuevos caminos y ábrete a nuevas experiencias.

El loto es la unión de los opuestos. Cuenta con el poder y la sabiduría para fundir la luz y la oscuridad. Es un símbolo del espíritu, de la plenitud y del desarrollo espiritual.

Has cogido esta carta porque te encuentras al principio del camino, aún son muchas las cosas que no entiendes. Y es positivo. Caminamos todos hacia la maestría, nadie es mejor ni peor. No es una competición. Guárdate tu inocencia y no tengas miedo de la oscuridad, es un sitio maravilloso para crecer. Cada uno de nosotros ya ha abandonado alguna vez el sendero iluminado para luego volver a él. Incluso el loto tiene sus raíces en el profundo, oscuro y frío lodo, y ha de absorber la luz a través del agua para florecer en la verdadera y perfecta belleza. Sólo entonces nos regala su magia y su aroma seductor.

Has cogido esta carta porque algo realmente profundo está a punto de crecer en ti. Se anuncia una nueva etapa en tu camino. Tómate el tiempo que necesites, escucha tu interior y presta después atención a lo de fuera. Quizá percibes la llamada de un nuevo maestro. Ábrete a tu nuevo camino del aprendizaje, de la sabiduría, de las experiencias y del desarrollo.

Tus compañeros durante los próximos **21 días:**

Animal de poder:	lechuza
Aceite esencial:	menta
Piedra sanadora:	cristal de roca
Número:	4

32

Derriba los muros que aíslan tu corazón,

da y recibe protección y calor.

Sentirse protegido, creerse parte de algún lugar, verse bien, disfrutar el calor, tener la seguridad de que todo esto define un hogar acogedor. Tu camino te ha llevado hasta allí: un verdadero hogar que te regala todo, que está hecho a medida para ti, que te envuelve. Reconócelo y recíbelo con agradecimiento, es maravilloso.

El sentimiento de protección y la sensación de verdadero hogar están allí donde alrededor hay seres que vibran al unísono contigo. Mira las caras de esos seres unidos a ti con amor, con todas las personas, con ángeles, animales, plantas, maestros y animales de poder. Empieza hoy a construir puentes de corazones brillantes, haz de ello un ejercicio diario y tira los muros que rodean tu corazón; ya no los necesitas. Eres compasivo y has demostrado paciencia. La protección y el amor fluyen ahora hacia ti y te envuelven. Recibe todo lo que te llega para compartirlo al final. Conviértete en un recipiente muy lleno para recibir protección y amor. Y luego celebra una fiesta de agradecimiento y derrocha alegría vital, pues recogerás todo lo que siembres. No importa hacia dónde te dirijas a partir de ahora ni dónde vaya a estar tu hogar, el sentirte protegido será siempre parte de tu corazón.

Tus compañeros durante los próximos **21 días:**

Animal de poder:	conejo
Aceite esencial:	madera de sándalo
Piedra sanadora:	cuarzo rosado
Número:	5

33

Escucha la canción eterna de tu alma,

siéntela y aprende a confiar en ella.

Tu alma es una canción eterna, una melodía permanente que penetra por el universo y tiene la habilidad de tocarlo todo. No conoce ni el tiempo ni el espacio. No conoce la vida ni la muerte, por eso está aquí, exactamente allí donde tú estás. Sé consciente de ello. Eres alma, eres eterno y has tomado la decisión de estar exactamente aquí. Para estar satisfecho, has de estar en el camino del alma y sentirlo. Sólo allí alcanzarás la felicidad, hallarás el verdadero amor. Sólo allí encontrarás todos los tesoros que te aguardan.

Revisa tu camino y tus intenciones a lo largo de él. Ten en cuenta que el alma no está dentro de ti, no reside en tu cuerpo. Eres tú quien ocupa tu alma. Cuando seas consciente de ello, sentirás más tu alma, puesto que buscarla en tu interior sería inútil. Empieza a sentirte cada vez más como luz del alma, grande, brillante e infinitamente diverso en todos tus tonos y vibraciones. Tu alma es tu verdad más profunda, tu eternidad.

Aprende a confiar en tu alma, ella ha escogido exactamente esta vida, y no otra, de entre la generosa variedad que se te ofrece. Y termina hoy mismo de luchar contra todo esto. La excepción es la llave para la siguiente puerta, para el siguiente paso en dirección a tu destino.

Tus compañeros durante los próximos **21 días:**

Animal de poder:	**cuervo**
Aceite esencial:	**aceite de árbol de té**
Piedra sanadora:	**zafiro**
Número:	**número maestro 33**

34

Eres único,

vive de forma loca, con valentía y disfrutando de todo tu ser.

Quienes reconocen ser únicos a veces se sienten marginados o abandonados. Se equivocan al pensar que los demás no los entienden y no quieren saber nada de ellos porque han logrado ser diferentes y vivir de ese modo. Pero esto no es más que un viejo espejismo de las experiencias del pasado creadas en la niñez o incluso antes. Estas experiencias te han servido para hacerte más fuerte. Te sirvieron para percibir tu singularidad y vivirla.

Ahora has llegado hasta allí por el camino de tu alma, y sólo allí hallas el poder, logras borrar los espejismos y consigues lo que está tras la verdad. Quienes viven de forma diferente son los que consiguen cambiar este mundo y hacerlo más alegre, más tranquilo y más colorido. Celébrate y dale más espacio a la singularidad que hay en ti y en tu vida. Experimenta la locura, vive con valentía y descubre tu ser. Tu singularidad te da ahora ese carisma suave, noble e irresistible. Y si estás dispuesto a aceptarte tal como eres, experimentarás la plenitud.

Acepta tu singularidad. Asume que eres diferente y conseguirás así completarte y liberarte. Date más libertad de movimiento y permítete soltar todo lo que no te sirva. Todo lo que está en tu pasado ha madurado en sabiduría y te permite ahora vivir según tu creativo corazón. Sé la alegría, sé grandioso y libre, y aparta de tu camino las cosas y las personas que se interpongan en él. Hazlo ahora y no dudes.

Tus compañeros durante los próximos **21 días:**

Animal de poder:	fénix
Aceite esencial:	pachuli
Piedra sanadora:	peridoto
Número:	7

35

Sigue tus ideales,

y valora lo realmente importante.

La sabiduría del lobo consiste en adaptarse a las circunstancias de la vida, sin perder de vista lo importante ni abandonar tus ideales. Confía en tus instintos, ten fe en tu fuerza interior y fíate de tu dirección. Defiende tus visiones cubriendo claramente tus límites, defendiendo tu territorio y no concediéndole a nadie el poder de sacarte de tu centro. Confía en tu intuición y no dejes que nadie te la arrebate.

Has cogido esta carta porque quienes vivieron antes que tú, tus antepasados, te están llamando. Es hora de dejar que se despierten y vivan tus visones. Antiguamente los chamanes y los druidas llevaban una piel de lobo como símbolo de una fuerza espiritual inmensa, como señal de guía y fuerza interior.

Esa tarea ahora es tuya, has de hacer cosas realmente grandes. Necesitarás valor para recorrer el camino que tienes por delante. Ahora recibirás de regalo una percepción superior. Medita y ábrete a la luz que fluye hacia ti. Tienes la capacidad de acercar tu percepción del bien a todos los seres.

Tus compañeros durante los próximos **21 días:**

Animal de poder:	lobo
Aceite esencial:	ciprés
Piedra sanadora:	esmeralda
Número:	8

36

El éxito, la felicidad y la plenitud fluyen hacia ti,

disfrútalos y celebra la vida.

Celebra tu éxito, saborea tu suerte, disfruta tu vida y exprime el tiempo al máximo, ya que eso es lo que te enriquece. El saber que la derrota puede aparecer en cualquier momento. Así es la vida, son olas con altos y bajos, con sonrisas y lágrimas, con claros y oscuros. Pero eso ahora no importa. Engalánate, adórnate el pelo con flores o plumas y pasa por tu vida bailando. Tu vida ahora es bonita.

Si la felicidad se ha presentado ante ti, disfrútala, no te guardes nada. Vive y siente los buenos momentos cuando se presentan. Ser rico significa entender que no puedes aferrarte a nada. Ni lo intentes, haz una fiesta por ello.

Has cogido esta carta porque ahora mismo estás saboreando las mieles del éxito. Sientes que estás en lo alto, te ves libre y feliz. O quizá has olvidado celebrar una fiesta por algún triunfo reciente. Mas ahora puedes recuperar la ocasión. Recuerda una y otra vez que tener éxito significa que has logrado una visión clara hacia todo. Y no olvides que la verdadera riqueza es siempre un asunto del corazón, nada tiene que ver con tu cuenta bancaria. ¡Sabes que siempre hay motivos para homenajearse a uno mismo y festejar la vida!

Tus compañeros durante los próximos **21 días:**

Animal de poder:	pegasus
Aceite esencial:	pachuli
Piedra sanadora:	ágata musgo
Número:	9

37

Un mensaje te busca,

estate al tanto, el mundo espiritual te quiere tocar.

Adéntrate en los campos de los sentimientos y las emociones: un mensaje del mundo espiritual busca el camino hacia ti. Estás demasiado ocupado con cosas mundanas y contigo mismo, todo ello te distrae en exceso, te ocupa mucho y, como consecuencia de ello, no percibes el mensaje.

Límpiate, suelta todos los miedos respecto al futuro, expresa todos tus anhelos y tus sueños. Puedes escribirlos, crear un cuadro o un collage o confesárselos a tus amigos. También puedes recurrir a lo que el mundo moderno te ofrece, las redes sociales.

Estate listo, presta atención y abre tu corazón, será allí donde recibas el mensaje. Fluirá como una luz dorada hacia lo más dentro de ti, al espacio sagrado de la verdad.

Libérate de todas las preocupaciones mundanas para que el gran espíritu pueda tocarte. El mensaje tratará de plenitud, verdad y anunciará una victoria.

Tus compañeros durante los próximos **21 días:**

Animal de poder:	cuervo
Aceite esencial:	limón
Piedra sanadora:	magnetita
Número:	1

38

Un ángel lleno de luz,

vela por ti en las puertas oscuras.

El camino de tu alma es un sendero lleno de luz, pero aquí en este mundo la oscuridad intenta siempre acecharnos.

Tienes en tus manos esta carta por su carácter protector. Hazle un sitio en tu vida durante los próximos días, déjala allí donde la puedas ver bien. Es una advertencia. Actúa conscientemente, mantente centrado y no salgas, evita conversaciones innecesarias. Procura dejar para la próxima semana todo lo aplazable.

Cuando debas tomar decisiones, no te dejes guiar ni por la ira ni por otras energías inferiores; en lo más profundo de ti, lo lamentarías y podrías llegar a perder incluso algo valiosísimo. Lo mejor que puedes hacer es no tomar decisiones esta semana. Sé valiente, inteligente y hábil. Confía más en tus sentimientos que en tu intelecto. Ten fe en el ángel que está a tu lado. Presta atención al equilibrio de tu corazón. Reconoce todas tus mentiras y suéltalas.

Tus compañeros durante los próximos **21 días:**

Animal de poder:	pantera
Aceite esencial:	rosa
Piedra sanadora:	ojo de tigre
Número:	número maestro 11

39

Culmina el momento de la humildad y el arrepentimiento,

perdónate y empieza a quererte tal como eres.

No has actuado de forma justa, has tomado una decisión errónea o te has dejado llevar equivocadamente por tus sentimientos inferiores, pero ahora tienes la grandeza de reconocerlo. ¿Has pedido también perdón?

¿Te pesa aún algo del pasado? ¿Tienes algún remordimiento? ¿Hay algo por lo que te sientas pequeño o mal contigo mismo? Ha llegado el momento de transformarlo. Los errores están ahí para ayudarnos a madurar, para que podamos aprender de ellos y crecer con ellos. Ahora te toca a ti perdonarte a ti mismo.

Has cogido esta carta porque, desde hace mucho o poco tiempo, vibran en ti el arrepentimiento o incluso la vergüenza. Lo has reconocido y lo lamentas, así que perdónate para que puedas volver a ir ligero y animado por el camino de tu alma. Empieza a quererte tal como eres, con tus debilidades y tus virtudes. Cuanto más te aceptes, más completo estarás, porque aceptarás todos tus aspectos. Arroja todas las cargas de tu corazón, sé clemente contigo y empieza a quererte en todo tu ser a partir de ahora. Este amor te transportará a nuevas dimensiones. Haz un pequeño ritual de perdón. Es hora de soltar todos los sentimientos de culpa y vergüenza.

El lado oscuro teje su red sin parar para cogernos, para paralizarnos, para extender vibraciones inferiores. Hasta trata de que quedemos atrapados en esas vibraciones. Sé capaz de reconocer estas artimañas y libérate tú mismo de esta red. La humildad y el arrepentimiento están bien, pero no deberías dejarte atrapar por ellos.

Tus compañeros durante los próximos **21 días:**

Animal de poder:	arrendajo
Aceite esencial:	rosa de Damasco
Piedra sanadora:	perla
Número:	3

40

Estás atrapado en la tragedia,

libérate, avanza, cambia y resurge.

Cuesta mucho entender que la cárcel creada por uno mismo, los dramas propios, sólo existen porque algo no funciona como quisiéramos; o peor aún: porque otras personas no se comportan como nos gustaría. Lo cierto es que te has alejado mucho del camino de tu alma. Te has perdido en tu tristeza, no te cuidas, ignoras tus verdaderas necesidades y te compadeces de ti mismo.

Te ha tocado esta carta porque la vida te tiene preparada una enorme oportunidad. Tira de la cuerda. ¡Ahora! Todo depende de ti, tú mueves los hilos. Reconoce que en todo hay un regalo, en todo brilla una oportunidad. Sólo tú eres responsable de tu vida, de tu felicidad y de la facilidad de tu ser.

No pidas consejo ni a tus amigos, ni a tus compañeros, ni a tus vecinos; ellos no tienen ni idea de las necesidades de tu corazón. ¡Te toca a ti! ¡Es tu tarea! Descubre tu propio ritmo de vida, encuentra tú mismo la semilla para lograr el milagro, conseguir la facilidad y alcanzar tu plenitud. Deja crecer esa semilla en el jardín de tu corazón.

Muévete, empieza a cambiar algo. Al principio no importa lo que cambies. Empieza contigo o con tu hogar. Muévete y sólo así soltarás la rigidez de la que tu drama te ha hecho prisionero.

Tus compañeros durante los próximos **21 días:**

Animal de poder:	delfín
Aceite esencial:	limón
Piedra sanadora:	larimar
Número:	4

41

Despierta el loto que hay en ti,

eres un maestro en la elevada luz.

Si tienes esta carta en tus manos, es que todos los ángeles se arremolinan en torno a ti porque estás preparado. A partir de ahora crecerás por encima de ti y servirás de inspiración para todos los seres en el mundo, en todos los tiempos y en todas las dimensiones. Has despertado, caminas como un maestro por el camino de tu alma.

Fíjate en el loto de la imagen. Nace en el barro y crece imparable hacia la luz, como tú. Penetra en las aguas turbias del fondo, al igual que tú has crecido por encima de los sentimientos inferiores y las emociones. Pero esto no es el objetivo todavía. También supera el agua clara cerca de la superficie y sólo entonces despliega su belleza, toda su luz, cuando él mismo ha encontrado la suya, como tú. Proyecta su luz, su aroma, su verdadera belleza en el elemento aire, que es el elemento de los pensamientos puros, del espíritu puro y de la sabiduría. Este camino desde el barro hasta la superficie del agua no puede dañar su inmaculada belleza, no puede oscurecer su brillo ni adulterar su seductor y mágico aroma.

Todo lo que es el loto tú también lo eres. Es renacimiento, fertilidad, claridad, pureza y plenitud. Su aroma, sin embargo, es su verdadera magia, ya que nos separa de la ilusión del tiempo. Y tu alma es como el loto. Puedes caminar en todos los tiempos, en todos los mundos y en todas las dimensiones. A lo mejor piensas ahora: «No, yo no soy todo eso, yo no soy sabio como un maestro». Entonces ten presente que el tiempo no existe, todo es el ahora.

Empieza a creer. Tú mismo eres la luz que te alumbra desde el futuro y te guía, hace tiempo ya que eres un maestro en la elevada luz.

Tus compañeros durante los próximos **21 días:**

Animal de poder:	koi
Aceite esencial:	loto
Piedra sanadora:	rubí
Número:	5

42

Camina por el puente de la felicidad,

te llevará sobre las emociones poco profundas.

Tu sabiduría es tu puente hacia la felicidad. Te guiará por lo poco profundo, por las aguas turbias de tus emociones. El puente de la felicidad te brinda la oportunidad de conocer todas tus emociones y al mismo tiempo te regala la distancia suficiente para que sigas siendo tú. Aun así te permite la cercanía suficiente como para que nunca dejes de aprender. El puente de la felicidad es, ante todo, un camino natural, no está caliente ni frío, no es rígido ni se puede romper; muy al contrario, te ofrece una base segura.

Sobre el puente de la felicidad sólo caminan los sabios, puesto que quien cree que al otro lado le aguardan riquezas está muy alejado tanto del puente como de la madurez y la sabiduría. Al final del viaducto hay un sueño realizado, un amor, un sentimiento de protección o un orden divino. Allí los sabios hallan nuestro silencio, se encuentran consigo mismo o con Dios.

Tienes esta carta porque tú mismo estás en un puente así. Ha llegado la hora de la cosecha. Suelta todas tus emociones, deja salir todos tus pensamientos limitados sobre la felicidad y la plenitud. Transitar por este puente supone un camino de meditación, y cada paso será un agradecimiento.

Quizá tras de ti se esconde un camino agotador o un tiempo que no siempre ha sido de color de rosa. Pese a ello, tus acompañantes espirituales estaban allí. Han cuidado de ti y te han guiado hasta aquí. Y ahora en este punto se apartan ligeramente.

Ya has estado más veces aquí y pocas has actuado sabiamente. Por ello, el puente de tu felicidad acabó esfumándose. Sin embargo, ahora sujetas en tus manos esta carta. Te recuerda que nadie puede ir solo por el puente de la felicidad, ya que el verdadero gozo consiste en una luz que siempre vibra, al menos, entre dos personas.

Tus compañeros durante los próximos **21 días:**

Animal de poder:	dragón
Aceite esencial:	menta
Piedra sanadora:	cristal de roca
Número:	6

43

Sé valiente,

despierta tu espíritu guerrero de la luz.

Esta carta busca guiarte por el sendero del guerrero lleno de luz. Te recuerda que has de enfrentarte a los retos de la vida. El guerrero lleno de luz no se enfada por vivir situaciones difíciles, no busca al culpable de la desgracia, del engaño, de las mentiras ni del dolor en su propia vida. Es valiente y supera todas las mentiras en su interior. Quien no sienta valor en su corazón, tampoco hallará allí alegría para vivir. «Sé valiente», te grita tu alma. Escala las cumbres y no temas las profundidades. Todo sirve para que seas más consciente, tanto las alturas y las victorias como las profundidades y las derrotas.

La ruta en que te encuentras forma parte de un viaje y nadie puede prever si el camino va a ser seguro, si te aportará muchas desgracias o alegrías. Este viaje es una aventura. Despierta al guerrero lleno de luz que hay en ti y lucha por la luz en este mundo protegiéndolo y dejándolo crecer.

Deja de buscar al culpable, pues no lo hay. Los hilos de tu destino no están en manos de otras personas, descansan sólo en las manos de los dioses, y estos siempre reaccionan a los impulsos que vienen de ti. Tú logras las victorias y las derrotas de tu vida. Sólo si admites esto, serás un guerrero sabio. Sin embargo, esta carta también advierte de la presencia de un peligro para tu corazón. Ese lugar delicado y sensible no puede cubrirse de suciedad. Pon al guerrero interior frente a tu corazón y protégelo. En los próximos 21 días no te involucres en una disputa, quédate contigo mismo y deja que todo lo que está fuera simplemente pase por tu lado. Tu guerrero te regala la fuerza suficiente y el poder de centrarte.

Tus compañeros durante los próximos **21 días:**

Animal de poder:	cabra montesa
Aceite esencial:	romero
Piedra sanadora:	turmalina negra
Número:	7

Apéndice

Lo que te curas y liberas en ti curará y liberará a todo el mundo. Si elegimos un camino lleno de luz que vibra en un orden y en una armonía divinos, también manifestaremos esa luz fuera de nosotros. Ése es el camino del héroe, de la heroína, pero también la senda en la que ha pensado tu alma en esta encarnación. Quiere que te desarrolles, que subas, desea que vayas por el camino de tu corazón. Ese camino tiene una base de sabiduría y está cubierta de verdad, se trata de un sendero que te conduce hacia la felicidad.

Hay un refrán que dice: «En el medio está la virtud». Para mí significa precisamente esto, que la verdad no se encuentra sino en el equilibrio, nunca en los extremos. Acepta los extremos sin juzgarlos. Y luego distánciate, sé indulgente contigo mismo y con las demás personas, aún atrapadas en sus extremos. Y ten la certeza de que a cada uno de nosotros nos llegará el conocimiento, el extremo volverá a tener equilibrio y encontrará la paz. El conocimiento no puede ser forzado; madura en el camino de tu alma, cada día, paso a paso. Simplemente vendrá, sin esfuerzo, sin largos rezos ni meditaciones, puesto que hace tiempo que vibra ya en ti. El camino de tu alma es un camino que sana, es la senda del corazón.

Acerca de la autora

Christine Arana Fader, la Mujer Dragón, conectó en el año 2000 con el mundo de los dragones a partir del mundo espiritual. Durante diez años, estuvo aprendiendo de los seres llenos de luz y de los dragones hasta que en 2010 hizo público su trabajo. En 2009 empezó a anotar sus sabidurías y viajes en trance. A partir de ahí, el mundo espiritual la guio de vuelta a Avalon. Las energías de la isla sagrada le dieron fuerza, espíritu combativo y valor para emprender nuevos caminos. Con sus talleres, libros, set de cartas y CD quiere compartir con todos la sabiduría y los mensajes que recibe del mundo espiritual, con el fin de plantar semillas en los corazones de las personas para conseguir un nuevo mundo.
www.goldkamille.de

Índice

El mensaje de las cartas